Criptomonedas

Cómo Tener Exito En El Trading De Criptomonedas

Por

Jared Snyder

participando en la prestación de asesoramiento legal, financiero, médico o profesional. El contenido de este libro se ha derivado de diversas fuentes. Consulte a un profesional con licencia antes de intentar cualquier técnica descrita en este libro.

Al leer este documento, el lector acepta que bajo ninguna circunstancia es el autor responsable de las pérdidas, directas o indirectas, que se incurran como resultado del uso de la información contenida en este documento, incluyendo, pero no limitado a, —errores, oinmisiones o inexactitudes.

Tabla de Contenidos

Introducción

El éxito masivo de Bitcoin en términos de hacer a mucha gente realmente rica gracias al meteórico aumento de su precio de mercado en los últimos años, sobre todo en diciembre de 2017, ha hecho que todo el mundo sea consciente de la existencia de una nueva clase de inversión llamada criptomonedas . Y lo que es más importante, ese éxito masivo de Bitcoin ha allanado el camino para la aceptación masiva del público de esta nueva inversión, haciendo que las criptomonedas en general sean más atractivas como inversión. Por lo tanto, Bitcoin puede haber creado una nueva fiebre del oro de hoy en día, aunque una digital.

En este libro, aprenderás cómo aprovecharcon éxito esta fiebre del oro digital y posiblemente ganar dinero serio con ella. Aquí, no sólo te mostraré cómo invertir sabiamente. También te mostraré cómo no ser engañar por estafadores. Al final del libro, usted estará en una muy buena posición para empezar a montar la ola criptomoneda y ganar dinero a partir de ella.

Si estás listo, pasa la página y vamos a empezar!

Capítulo 1 - Fundamentos de las criptomonedas

Con el éxito masivo de Bitcoin en términos de precio de mercado, parece que las criptomonedas se han convertido en la versión moderna de la infame locura de Holland Tulip. Si usted no está familiarizado con la locura de Holland Tulip, sucedió durante la década de 1630 cuando la gente de todo el mundo se fue gaga sobre la flor, que rápidamente envió su precio de mercado al alza a niveles por encima de los niveles atmosféricos. Y eso es lo que le ha pasado a Bitcoin en diciembre de 2017, donde su precio de mercado se disparó en alrededor de 400% en sólo un par de semanas! Y debido a Bitcoin, prácticamente todos los inversores - e incluso los no inversores - se han familiarizado bastante con las criptomonedas, ¡enviando la manía sobre este activo financiero a un nivel aún más alto!

Probablemente la única diferencia entre la locura criptomoneda y el de Holland Tulips es el primero es un activo digital, mientras que el segundo es un activo físico. Oh, y me corrijo - hay otra diferencia entre los dos, que son oscilaciones de precios salvajes. El precio de mercado de Holland Tulips no era tan volátil como el precio de Bitcoin, es decir, su aumento meteórico de los precios fue rápido, pero presentó pequeñas caídas en el camino. Con Bitcoin, verá - si nos fijamos en su gráfico de precios - que ha habido caídas de precios muy fuertes en el camino. Y por agudo, quiero decir, se sumerge en valor de alrededor del 30% en unos pocos días! Y a partir de este escrito, su precio de mercado ha bajado en más de un 30% desde su máximo en diciembre de 2017. Dicho esto, invertir en criptomonedas requiere un poco más de conocimiento, y, si me permite añadir, agallas.

<u>Crypto 101</u>

Usted puede estar pensando, son criptomonedas el dinero oficial de los muertos debido a la palabra "crypto"? Ja ja ja ja - divertido! Pero no, no lo son. Algunas personas que compran y venden criptomonedas pueden parecer personas muertas, pero no - eso no es lo que significa la palabra criptográfica. La palabra "crypto" en el término se refiere a una ciencia o práctica específica de codificación y decodificación de mensajes en códigos secretos o cifrados: criptografía. Así que una muy buena definición de una criptomoneda es una moneda que digital en la naturaleza, que utiliza la criptografía en sus transacciones, es decir, validar, asegurar y registrar.

Y hablando de registro de transacciones, todas las empresas mantienen lo que se llama en la jerga contable como "libros de cuentas" o "libros de contabilidad". Cuando realiza transacciones en línea con su tarjeta de crédito o cuenta bancaria para comprar algo, el precio al que compró sus golosinas es la cantidad que se registra como una deducción de su cuenta bancaria o libro mayor, o se agrega como dinero adicional adeudado en su cuenta si usó su tarjeta de crédito. De la misma manera, todas sus transacciones utilizando una criptomoneda específica - si decide invertir en uno - se registran en un libro maestro digital o archivo maestro para esa criptomoneda específica. Y en ese archivo maestro están todas las transacciones que alguna vez tuvieron lugar para esa criptomoneda específica. Este libro maestro digital o archivo se conoce como la cadena de bloques.

La cadena de bloques obtiene su nombre de dos palabras: bloque y cadena. El bloque se refiere a transacciones validadas de una criptomoneda en particular, donde una transacción validada se llama un "bloque". Todas las transacciones validadas están "vinculadas" como una cadena para comprender el libro mayor o el archivo de una criptomoneda en particular. Debido a que el archivo maestro o libro mayor se compone de todas las transacciones validadas para esa criptomoneda, se llama la "cadena de bloques".

Características de Crypto

Una característica interesante de la tecnología blockchain, que cada vez más empresas tradicionales se interesan, es que se descentraliza. Ok, ser descentralizado significa que no hay una sola entidad que mantenga los registros de transacciones de una criptomoneda en particular. En particular, todos los usuarios de una criptomoneda en particular - independientemente de si está inactivo o activo - obtener sus propias copias de la cadena de bloques que se actualiza continuamente para incluir transacciones validadas recientemente. Es un sistema de contabilidad que puede ser monitoreado por todas las partes interesadas.

Otra característica interesante de las criptomonedas es la autonomía. ¿Qué quiero decir con esto? Piense en las monedas utilizadas como moneda de curso legal en todos los países del mundo. Usted sabe que todos ellos están controlados y regulados por sus respectivos gobiernos nacionales, especialmente cuando se trata de suministro o número de unidades que circulan en el mercado abierto.

No es así con las criptomonedas. No tienen autoridad gubernamental ni monetaria a la que responder. En otras palabras, ¡son malos! Pero en serio, es verdad. Las criptomonedas están fuera del alcance y la regulación de los gobiernos, que es una de las principales razones por las que todavía no es tan aceptada por tantos gobiernos como la mayoría de la gente le gustaría que fueran. ¿Sabes cómo tienen razón los gobiernos? Lo que no pueden controlar o regular, no les gusta.

Usted puede estar pensando si ninguna autoridad monetaria controla su suministro, entonces ¿quién diablos puede acuñar más unidades de una criptomoneda específica? ¡Esa es una muy buena pregunta!

Técnicamente, el suministro de una criptomoneda en particular ya está determinado y fundido en piedra antes de su lanzamiento o lanzamiento público. Y dicho límite está incrustado en el código o protocolos de esa moneda en particular. Eso significa que ninguna intervención humana cambiará ese límite.

En cuanto a la acuñación de nuevas unidades de una criptomoneda en particular, las personas indirectamente responsables de crearlas se llaman "mineros". ¿Por qué los mineros? Es porque "minan" para nuevas unidades ayudando a validar cada transacción para una criptomoneda específica. ¿Qué significa esto?

Si usted compró 1 unidad de Bitcoin, la criptomoneda más popular en estos días, esa transacción necesita ser validada antes de que aparezca en la cadena de bloques y transferir oficialmente el Bitcoin que compró a su cuenta. ¿Y cómo se validará esa transacción? El sistema generará un algoritmo o ecuación matemática que es único para su transacción y alguien necesita descifrar el código de ese algoritmo para resolver esa ecuación para que su transacción sea validada. Si no se resuelve, la transacción no se realizará.

Los mineros dedican sus propios ordenadores con el único propósito de resolver tales ecuaciones con el fin de validar las transacciones relacionadas con una criptomoneda en particular. ¿Y qué obtienen a cambio? Exacto - nuevas unidades de esa criptomoneda en particular! Y debido a que se les paga específicamente con "nuevas" unidades de esa criptomoneda en particular, técnicamente son "minería" para ellos.

Para qué son

Al principio, criptomonedas como Bitcoin y Ethereum fueron creados para dar a la gente un medio alternativo para pagar por cosas. Debido a que es un nuevo concepto y uno que no está regulado por ninguna institución, no fue ampliamente aceptado. De hecho, todavía no es tan ampliamente aceptado como una forma alternativa de pago hoy en día, a diferencia de las tarjetas de débito y crédito. Sin embargo, su aceptación general ya ha crecido mucho y sigue haciéndolo. Cada vez más establecimientos comerciales, tanto grandes como pequeños, aceptan criptomonedas, en particular Bitcoin, como una forma alternativa de pagar por cosas. Y más que comerciantes, los bancos también han comenzado a reconocer criptomonedas y permitir retiros de tales en su equivalente de moneda fiat en sus cajeros automáticos o cajeros automáticos.

Y debido al éxito de Bitcoin, las criptomonedas ahora sirven a otro propósito - uno que incluso ha hecho que su propósito original sea algo irrelevante. Ahora es una de las más calientes del mundo - si no la más caliente - la locura de la inversión! Muchas personas han convertido sus inversiones iniciales de sólo unos pocos miles de dólares hace muchos años en otras que ahora son más de un millón de dólares. Y con los futuros contracts en Bitcoins que están en la lista on el ChicagoMercantile

Exchange, ha hecho criptomonedas en general aún más atractivo!

Capítulo 2 - Profesionales de la inversión en criptomonedas

Invertir en algo tan lucrativo - y muy arriesgado - como las criptomonedas requiere que sepas mucho sobre lo que te vas a meter. Esto significa que usted tiene que ser consciente de sus compensaciones de riesgo de retorno. En este capítulo, primero trataremos con el lado de retorno de la inversión criptomoneda - o sus pros!

Volatilidad

Si quieres obtener enormes rendimientos, y rápidamente en eso, hay un rasgo de inversión muy importante que necesitarás saber que puede hacer que suceda. Y ese rasgo se llama volatilidad.

La volatilidad se refiere a la gran cantidad de movimientos de precios de un activo financiero en particular. Cuanto más grandes sean los movimientos, también llamados oscilaciones, más volátil será el precio de un activo financiero. Cuanto más pequeñas son las oscilaciones, menos volátil es. Y cuanto menos volátil sea el precio, menos pueden ser tus beneficios potenciales. Es por eso que una regla cardinal en la inversión es esta: cuanto mayores sean sus rendimientos esperados, mayor será el riesgo que debería estar dispuesto a tomar.

Y cuando se trata de volatilidad de precios, criptomonedas son justo lo que usted puede estar buscando - suponiendo que su tolerancia al riesgo es alta. ¿Qué tan volátil? Considere el precio de Bitcoin, que se disparó en más de 400% en sólo unas pocas semanas en diciembre de 2017. ¿Dónde más se puede encontrar una inversión de este tipo que puede darle tales rendimientos potenciales?

Juventud

Una gran parte de la volatilidad de los precios de la mayoría de las criptomonedas se debe al hecho de que no han estado alrededor el tiempo suficiente para que se asienten, comolasacciones de chip azul de empresasrealmente antiguas. Debido a su relativa juventud en comparación con la mayoría de las otras inversiones impulsadas por el mercado, las criptomonedas se consideran potencialmente inversiones de alto crecimiento que tienen mucho margen de maniobra para subir. Pero, por supuesto, sus riesgos también son mayores en comparación con la mayoría de las otras inversiones financieras.

La ventaja de ser un medio de inversión relativamente joven o un activo financiero es que las perspectivas generales que disfrutan del mercado son generalmente y locamente positivas. Y de nuevo, gracias a Bitcoin que ha ganado una apreciación mucho mejor del público inversor. Y esta apreciación se ha agotado a otras criptomonedas - también llamadas altcoins - como Litecoin, Ripple, y Ether (Ethereum).

Privacidad

Ahora bien, este "pro" en particular puede ser más relevante para usted si usted es un lavador de dinero o un señor del crimen organizado. Pero dejando de lado, la privacidad es una característica muy atractiva de las criptomonedas que la hacen muy popular, especialmente entre aquellos que no pueden permitirse dejar atrás los rastros de papel en cuanto a sus transacciones financieras personales. ¿A qué me refiero cuando digo que las criptomonedas son muy privadas cuando se trata de sus datos personales?

Si bien todas las transacciones validadas se registran en la cadena de bloques, estos detalles no incluyen su identidad privada, es decir, su nombre no se incluiría, solo sus claves privadas, de las que hablaremos con más detalle más adelante. Es por eso que incluso si usted tiene registros de todos los demás usuarios de una criptomoneda en particular a través de su copia de la cadena de bloques, no se puede rastrear esas transacciones a cualquier persona en particular. ¡Y tal privacidad también incluye tu nombre!

Ahora que hemos visto los pros de invertir en criptomonedas, echemos un vistazo a algunas de sus estafas.

Capítulo 3 - Contras criptomoneda

Después de leer el capítulo anterior sobre los pros de invertir en criptomonedas, puede pensar que es un vehículo de inversión que es demasiado bueno para ser verdad. La verdad es que no lo es. Al igual que todas las inversiones de fiar, tiene su propio conjunto de contras que tendrá que pensar para determinar si debe o no invertir en ellos o no. Después de todo, las inversiones en criptomonedas no son para todos de la misma manera que correr un maratón no es para todos los corredores.

Volatilidad

El mismo mayor pro de invertir en criptomonedas también puede ser su mayor estafa. ¿por qué? Grandes oscilaciones de precios, especialmente a la baja, pueden conducir a pérdidas potencialmente enormes, así. Imagínese, si usted invirtió $10,000 cuando Bitcoin alcanzó su pico, valdría alrededor de 35% menos o sólo $7,500 después de sólo un mes. Muchas personas consideran inaceptable tal posibilidad y por eso se adhieren a inversiones más conservadoras como bonos y valores gubernamentales.

La buena noticia es que hay maneras de hacer frente bien a tal volatilidad. Una es invertir sólo una cantidad que te sientas cómodo perdiendo. Nadie se va a la inversión para perder dinero, pero no estoy diciendo que estés seguro de perder ese dinero. Sólo digo que si usted no se siente cómodo perdiendo mucho dinero en el caso de que los precios de sus inversiones criptomoneda oscilan salvajemente hacia el sur, pero todavía le gustaría darle una oportunidad, su mejor apuesta es simplemente poner una cantidad de dinero que no va a cambiar Me mal de perder. De esa manera, no te sentirás mal y tus finanzas personales no se verán afectadas.

Y hablando de, también debe invertir una cantidad de dinero que usted sabe que no necesitará en cualquier momento pronto. ¿por qué? Mientras que los precios de las criptomonedas pueden oscilar hacia abajo por una gran cantidad, usted no se dará cuenta de la pérdida todavía si usted se aferra a sus criptomonedas y esperar a que sus precios para recuperarse. Las pérdidas basadas en el precio de mercado actual se denominan pérdidas de "papel" solo porque están en papel y aún no son pérdidas reales. Sólo se convertirán en pérdidas reales si decides venderlas a un precio más bajo. Así que al invertir sólo una cantidad de dinero que usted sabe que no necesitará en cualquier momento pronto, usted puede permitirse el lujo de esperar a que los precios para recuperarse y evitar la realización de cualquier pérdida del mercado debido a oscilaciones de precios salvajes.

Longevidad

Otra posible estafa a la hora de invertir en criptomonedas es otra de sus ventajas: su juventud. Como la mayoría de las criptomonedas son todavía jóvenes en comparación con los vehículos de inversión más tradicionales como acciones, bonos, divisas y futuros, todavía no tienen un historial existente de longevidad. Y dado que las criptomonedas en general todavía no son ampliamente aceptadas como un modo de pago alternativo, su longevidad potencial sigue siendo una preocupación. Y tal preocupación es un factor de riesgo importante que muchos inversores están preocupados.

Ahora no estoy diciendo que las criptomonedas en general no estarán alrededor a largo plazo. Sólo digo que con la excepción de la crema de la cosecha, la mayoría de las otras criptomonedas tienen mayores riesgos en virtud de jugar a ponerse al día con los pioneros y la falta general de aceptación de las criptomonedas como un modo de pago alternativo.

Pero esta estafa potencial o riesgo también se puede mitigar al permanecer con los chicos grandes - los pioneros por así decirlo. Estos incluyen - aparte de Bitcoin - Litecoin, Ripple, y Etereum. Si bien su ser pioneros de la industria de criptomonedas no garantiza la longevidad, tienen una probabilidad mucho mayor de ser aceptados con éxito como un modo de pago alternativo legítimo en los principales sectores financieros de todo el mundo y, como tal, tienen un mucho más posibilidades de longevidad.

Tomemos por ejemplo - de nuevo - Bitcoin. Una señal de que está empezando a ganar tracción en términos de aceptación en los principales mercados financieros es la cotización de los contratos de futuros con Bitcoins como los activos subyacentes en el Chicago Mercantile Exchange (CME) en diciembre de 2017, que es uno de los mayores, si no los mayores intercambios de contratos de futuros del mundo. Si bien no es Bitcoin per se que se incluyó en el CME, el activo subyacente de los contratos de futuros son Bitcoins. Si Bitcoin como criptomoneda es esquemático, CME no estaría fuera de su mente para permitir que los contratos de futuros en Bitcoins se negocien en su intercambio. Así que hasta cierto punto, la lista CME es un indicador importante de la creciente aceptación pública de Bitcoin en particular y con suerte, criptomonedas en general.

Preocupaciones regulatorias

Esto no es una preocupación tan grande, pero sin embargo, algo que debe tener en cuenta antes de decidir si empezar o no a invertir en criptomonedas. Al ser una moneda autónoma, los reguladores financieros de todo el mundo aún no están muy interesados en las criptomonedas. Y por una buena razón: es difícil que las instituciones encargadas de proteger al público contra las estafas financieras sean todas alegres y acepten algo que no puedan regular, controlar o administrar. Debido a que los suministros de criptomonedas no son determinados por ningún organismo regulador financiero del gobierno como la Reserva Federal en los Estados Unidos, son tan autónomos como cualquier cosa puede obtener.

El mismo sentido de autonomía y privacidad que es un profesional también puede ser una estafa muy seria. Si su cuenta es hackeada, que también es posible con inversiones tradicionales como depósitos bancarios, acciones, fondos mutuos y monedas, usted no tiene a quién recurrir en busca de ayuda! Si su cuenta bancaria es hackeada, puede correr al propio banco o si se niega a abordar su preocupación, puede correr a la Reserva Federal que le dará una patada en el culo al banco hasta que devuelva su dinero. Pero con las criptomonedas, no se puede correr a nadie para revertir una transacción hackeada o errónea.

La mejor manera de abordar esto es la misma que con abordar el tema de la volatilidad - invertir sólo una cantidad que usted se siente cómodo perdiendo o no necesitará en cualquier momento pronto. De esa manera, usted puede ponerse en la posición para maximizar sus posibilidades de invertir con éxito en criptomonedas mientras aborda el riesgo regulatorio.

Otro problema regulatorio potencial tiene que ver con la volatilidad de los precios. En particular, los cambios en la posición de las autoridades monetarias o los reguladores pueden afectar a los precios de mercado de las criptomonedas. Por ejemplo, las autoridades monetarias en China. Después de insinuar la posibilidad de prohibir el crowdfunding para recaudar capital para nuevas criptomonedas, que ya no afectará a Bitcoin, los precios medios de mercado de Bitcoin se desplomaron en alrededor de 20% en sólo unas pocas horas de negociación!

Una vez más, invertir sólo una cantidad que usted está cómodo perdiendo o no necesitará en cualquier momento pronto es la mejor manera de aprovechar el potencial de ganancias de las criptomonedas mientras se trata de estas desventajas potenciales.

Si después de sopesar los pros y los contras de la inversión en criptomonedas, se dio cuenta de que desea seguir adelante e invertir en este tipo relativamente joven de activos financieros, continúe leyendo el libro. Si no, sólo encuentra otro libro para leer, él, él, él.

Capítulo 4 - Seguridad de la inversión: su monedero de criptomonedas

Muy bien - el hecho de que usted está leyendo este capítulo significa que después de sopesar los pros y los contras de la inversión criptomoneda, usted ha decidido seguir adelante y darle una oportunidad. ¡Te felicito, alma valiente y sabia! Así que antes de entrar en el quid del asunto, tendremos que discutir lo que será su mejor amigo de seguridad criptomoneda: su cartera!

Debido a que las criptomonedas son activos financieros en línea sin contrapartes físicas reales, autónomas y descentralizadas, ir por el tipo correcto de billetera puede deletrear toda la diferencia entre una cartera de criptomonedas segura y una que está en alto riesgo de robo a través de la piratería. Y dado que las criptomonedas están más allá de las autoridades supervisoras y reguladoras del gobierno de cualquier país, no puede permitirse dejarlo abierto para el robo en línea. Por lo tanto, mantener sus inversiones criptomoneda es de suma importancia, lo que hace que elegir la cartera correcta sea aún más importante.

Para obtener una mejor comprensión de lo valioso que es elegir la cartera criptomoneda correcta, es crucial que primero tenga una idea de cómo funcionan las transacciones criptomoneda. La forma principal en que usted será capaz de comprar y vender criptomonedas es a través de las bolsas de criptomonedas, al igual que la compra y venta de acciones se hacen sólo a través de las bolsas de valores. Así que para obtener cómo funciona, una discusión sobre cómo funcionan los intercambios de criptomonedas está en orden.

Cuando usted compra una criptomoneda en particular en un intercambio criptomoneda, la cantidad de criptomoneda que compró se le dará un código digital específico correspondiente a ella. Esto se denomina clave pública de la transacción, que solo es exclusiva de esa transacción. Y parte de la información crucial sobre su transacción que se registrará en la cadena de bloques, como parte del registro oficial de esa criptomoneda específica, es la cantidad de criptomonedas que compró y las claves públicas correspondientes a ellos.

Mientras que sus transacciones en un intercambio de criptomonedas en particular se asignan claves públicas específicas para fines blockchain, el intercambio en el que compró un formulario criptomoneda también asigna a sus transacciones de compra una clave privada. Usted necesita recordar esto siempre: sus claves privadas se consideran como la sangre de su cuenta criptomoneda. Si olvida sus claves privadas o si alguien se apodera de ellas y las utiliza para drenar su cuenta criptomoneda seca, puede despedirse de sus inversiones criptomoneda para siempre. No hay vuelta atrás ni recuperarlos. Sus claves privadas son su medio para acceder a las criptomonedas que compró.

Si deja sus claves privadas y sus correspondientes criptomonedas en sus cuentas de intercambio, entonces sus riesgos para tener sus claves privadas robadas, así como sus criptomonedas son muy altos. Es por eso que es crucial que pueda moverlos a un almacenamiento muy seguro. Y lo adivinaste bien - que el almacenamiento se llama una billetera criptomoneda!

Una billetera criptomoneda es más o menos lo mismo que su billetera física en el sentido de que es donde almacenará sus criptomonedas. Y cuando se habla de carteras criptomoneda, hay 2 tipos generales: carteras calientes y frías. Las carteras calientes son carteras en línea, mientras que las carteras frías son las que están fuera de línea. Su intercambio de criptomonedas de elección ofrece carteras de almacenamiento calientes. Pero como se mencionó anteriormente, mantener sus claves privadas en sus cuentas de intercambio o carteras las pone en un riesgo muy alto para hackear o ser robado.

Otro ejemplo de una cartera de almacenamiento en caliente es una aplicación instalada en su escritorio o computadora portátil que siempre se utiliza para conectarse a Internet. Si bien tiene un riesgo mucho menor para la piratería porque se puede controlar personalmente sus claves privadas y cifrar su cartera, todavía es hackable por muy buenos hackers. Además, todavía puede perder sus claves privadas en el momento en que el equipo se daña demasiado para reparar.

Por las razones anteriores, es mejor para usted almacenar sus claves privadas en carteras de almacenamiento en frío o carteras fuera de línea. ¿por qué? La respuesta es muy obvia: ¡las cuentas fuera de línea no se pueden hackear porque están fuera de línea!

Al elegir su billetera de almacenamiento en frío, vaya por carteras frías de hardware. Son gadgets que puedes conectar y desconectar fácilmente de tu regazo o computadora de escritorio - por lo general a través del puerto USB - y donde puedes almacenar de forma segura tus claves privadas. Sólo tiene que conectar su cartera de hardware en el puerto USB de su computadora cada vez que realice transacciones en esa criptomoneda y luego desconéctela por razones de seguridad. Son tan simples y fáciles de usar.

Pero tal seguridad puede llegar a un precio - una etiqueta de precio bastante fuerte. Pero la tranquilidad no tiene precio y, como tal, invertir en una cartera de hardware vale la pena. Algunas de las carteras de hardware más populares son Ledger Nano, KeepKey y Trezor.

Cada vez que transfiera sus criptomonedas desde su cuenta de intercambio a su billetera de hardware, sus claves privadas etiquetan a lo largo y se transfieren también. Y debido a que su clave privada ya se ha transferido a un dispositivo de almacenamiento fuera de línea, como su cartera de hardware en frío, ¡el riesgo de ser hackeado y robado se convierte prácticamente en cero! Y suponiendo que usted es lo suficientemente cuidadoso como para asegurarse de que sólo usted tiene acceso a su cartera de hardware, todo, pero garantiza la seguridad de sus inversiones criptomoneda.

Casi me olvido de mencionar que se le cobra una cantidad relativamente pequeña - un porcentaje de su criptomoneda - como tarifas de transacciones cada vez que los transfiere de su cuenta de intercambio a su cartera y de vuelta. ¿por qué? Es dar a los mineros criptomoneda (¿recordarlos?) para priorizar el trabajo en la validación de su transacción primero y así, acelerar su validación. La pequeña cuota también se utiliza para desalentar las transacciones maliciosas que son voluminosas, que pueden obstruir seriamente los sistemas de la mayoría de las criptomonedas.

Capítulo 5 - Mindsets importantes de inversión de criptomonedas

Antes de invertir en criptomonedas, hay varias cosas en las que tendrás que pensar: mentalidades si quieres. Tomar tiempo para reflexionar sobre estos aumentará significativamente sus posibilidades de ser capaz de tener éxito.

Una razón convincente

¿Alguna vez te has preguntado por qué inviertes tu dinero? En serio, ¿verdad? Lo sé, puedes pensar "¿Por qué diablos tengo que hacer eso?" ¿No es muy obvio? ¡Se trata de maximizar el valor de mi dinero!

Y aquí está mi respuesta: ¡no, no lo es! Maximizar los beneficios o los rendimientos de su inversión - o incluso invertir en sí mismo - es a menudo sólo un medio para lograr algo más significativo, algo más profundo. Algunas de estas metas más significativas pueden incluir ser capaz de poner a su bebé recién nacido con éxito a través de la universidad para cuando cumpla 18 años, tener suficiente ingresos pasivos para retirarse temprano a la edad de 50 años, o para poder mudarse a la propia casa de su familia después de 10 años.

Ahora, ¿por qué deberías hacerte la pregunta de por qué inviertes tu dinero? Es porque sin una razón convincente, las tentaciones son altas para dejar de fumar cuando las cosas se ponen difíciles o aburridas, y para tomar decisiones muy precipitadas donde se debería haber empleado un análisis cuidadoso. Debido a que invertir en criptomonedas no es un asunto trivial, ni un esfuerzo sin complicaciones, debe ser capaz de tomar las decisiones correctas en el momento adecuado cuando se trata de invertir su dinero ganado con esfuerzo.

Si su única razón es hacer dinero, esa es una razón muy superficial para invertir en criptomonedas. Una razón poco profunda hará que sea muy fácil para usted elegir sus inversiones criptomoneda por un capricho, es decir, sin mucha investigación y análisis. También puede hacer que elija las estrategias incorrectas para invertir con éxito en criptomonedas y fallar miserablemente. Pero si usted tiene una razón muy convincente por la que necesita ser capaz de invertir con éxito su dinero en criptomonedas, se tomará esta cosa lo suficientemente en serio como para dar al esfuerzo la diligencia debida y administrar sus inversiones criptomoneda con la mentalidad de un gestor profesional de fondos.

Su tasa de retorno requerida

Si recuerdas de antes, una de las reglas cardinales de la inversión es la relación entre el riesgo y el retorno: cuanto mayor sea tu tasa de rendimiento esperada, necesitas estar cómodo asumiendo riesgos financieros más altos porque cuando se trata de ganar sustancialmente más alto tasas de retorno de las inversiones, la volatilidad puede ser su mejor amigo.

La razón por la que te lo recordé es porque para poder alcanzar tus principales objetivos financieros, tus razones convincentes para invertir, necesitas poder invertir tu dinero en activos que generen el mejor rendimiento. Y cuando se trata de los mejores rendimientos, no siempre se trata de la tasa más alta de rendimiento. ¿Por qué?

¡Es porque las tasas medias de retorno no pintan una imagen completa! Aparte de las tasas medias de rendimiento, también debe tener en cuenta la volatilidad en la tasa de rendimiento de un activo, que se mide principalmente por desviación estándar. La desviación estándar es una medida estadística que le indica por cuánto puede esperar razonablemente que los resultados se aleje de la media o de la media.

Para ayudarle a apreciar esto en un nivel práctico, vamos a considerar 2 criptomonedas A y B. La tasa media mensual de rendimiento de Crypto A es del 15% con una desviación estándar del 3%. Crypto B por otro lado tiene una tasa media mensual de rendimiento del 30%, pero con una desviación estándar de alrededor del 20%. Basado puramente en las tasas mensuales promedio de retorno, es fácil elegir cripto B porque su rendimiento mensual promedio es el doble que el de la criptografía A. ¡Pero hay más de lo que se ve a simple vista!

Para obtener una estimación más precisa de las posibles tasas de rendimiento, también debe tener en cuenta la desviación estándar del activo de inversión. Para la criptografía A, es sólo 3%, lo que significa que puede esperar razonablemente su retorno mensual en cripto A - si decide invertir en él - para estar en cualquier lugar de 12% (15% - 3%) mínimo al 18% (15% + 3%) Máximo. Para cripto B, su desviación estándar de alrededor del 20% significa que usted puede esperar razonablemente su retorno mensual en cripto B para estar en algún lugar entre 10% (30% - 20%) mínimo y 50% (30% + 20%) al máximo.

¿Cuál de los 2 debe elegir? Bueno, depende de la tasa mínima de rendimiento requerida de tu objetivo. Si usted está planeando invertir dinero para la educación universitaria de su hijo dentro de 10 años y si se basa en sus cálculos tendrá que invertir su dinero en un activo con una tasa mínima mensual esperada de retorno de la inversión de al menos 15%, está claro que debe invertir en criptoGrafía A porque su rendimiento mínimo esperado está más cerca del mínimo del 15%. Pero si su tasa mínima requerida de rendimiento era de sólo 9%, entonces crypto B tendría más sentido porque incluso si su rendimiento mínimo esperado es menor que el de cripto A, todavía es más alto que su tasa mínima requerida de rendimiento y su rendimiento mensual máximo esperado es menor que el de cripto A, todavía es más alto que su tasa mínima requerida de rendimiento y su rendimiento mensual máximo esperado es más del doble que el de las a las criptográficas (50% frente a 18%)!

Tu cronología

Para sacar el máximo provecho de su dinero invertido con respecto a la consecución de un objetivo específico, también debe considerar cuánto tiempo tiene para lograr ese objetivo. ¿por qué? Para que sepa si puede permitirse o no asumir mayores riesgos de inversión. Permítame explicarle.

Si planea maximizar los rendimientos asumiendo inversiones de mayor riesgo, debe hacerlo solo al inicio de su período de inversión o cronograma. En caso de que sus rendimientos reales no estén a la altura, todavía tiene la última parte de la línea de tiempo de inversión o el período para compensar el rendimiento deslucido. Tomemos el caso de invertir para la jubilación, por ejemplo.

Supongamos que sólo tiene 25 años y planea su jubilación a los 60 años. Tiene 35 años para invertir para su jubilación. Desde ahora hasta los 40 años, todavía será factible invertir en activos de alto riesgo como criptomonedas o contratos de futuros de Bitcoin. ¿por qué? Es porque si sus inversiones en tales activos se tornan agrias, cuyos riesgos son relativamente altos, todavía puede compensarlo y recuperar sus pérdidas en los próximos 20 años a través de activos más conservadores como acciones de blue chip, bonos corporativos y valores del gobierno. Si invierte su dinero ganado con tanto capacidad en criptomonedas a los 50 años en adelante y su volatilidad resulta ser desfavorable para usted, es posible que no tenga suficiente tiempo para recuperar sus pérdidas, lo que puede impedir que se recupere a los 60 años.

Cualquier administrador de fondos que valga la pena su sal le dirá lo mismo: invierta agresivamente al principio, luego reducirá hacia las inversiones conservadoras hacia el final para bloquear sus ganancias. Así que piense en su cronograma de inversión al elegir en qué criptomonedas en particular invertir y cuánto dinero comprometerse con ellos.

Apetito por el riesgo

Otra cosa a tener en cuenta a la hora de determinar en qué criptomonedas invertir y, lo que es más importante, cuánto invertir en ellas, es su apetito de riesgo. ¿Cuántas pérdidas potenciales se siente cómodo absorbiendo? ¿Cuánto tiempo puede comprometer una cantidad específica de dinero para invertir antes de necesitarlo? Estas dos preguntas pueden ayudarte a obtener una estimación de cuánto riesgo estás dispuesto a tomar, es decir, tu apetito de riesgo.

Un riesgo que debe tener en cuenta a la hora de invertir en criptomonedas es el más obvio, que es el riesgo de mercado. Este tipo de riesgo se refiere a la posibilidad de incurrir en pérdidas debido a los cambios en los precios de mercado de las criptomonedas en las que desea invertir.

Otro tipo de riesgo que debe estar dispuesto a considerar es el riesgo de liquidez de mercado, que se refiere al riesgo de que no será capaz de convertir inmediatamente sus inversiones criptomoneda en monedas fiat o regulares y recibirlas cuando sea necesario. Verá, ya que las criptomonedas en general no son ampliamente aceptadas por los principales mercados financieros por el momento, puede tomar un par de pasos antes de que pueda recibir los ingresos de la moneda fidecida de su venta de criptomonedas. Si su banco no le permite recibir directamente fondos de divisas fideias del intercambio de criptomonedas donde liquidó (vendió) sus inversiones en criptomonedas, entonces tendrá que remitir los ingresos a otra institución financiera que pueda servir como puente para su venta procede a cruzar a su cuenta bancaria regular. Y eso puede tomar desde varios días hasta una semana.

Impacto real de las pérdidas financieras

La última consideración para elegir sus inversiones, independientemente de si sus criptomonedas o algún otro activo financiero tradicional, es el posible efecto financiero - en términos de moneda reales - de los movimientos adversos de los precios en sus inversiones.

Una cosa es mirar los rendimientos porcentuales o las pérdidas, como el ejemplo que di en la sección anterior sobre su tasa de rendimiento requerida, y otra es ver cómo tales porcentajes - especialmente las pérdidas potenciales - se traducirán en términos monetarios reales. ¿Qué quiero decir con eso?

Por ejemplo, el rango esperado de criptomoneda A de rendimientos mensuales basados en rendimientos mensuales promedio y la desviación estándar está entre -20% y 50%. Si el peor de los casos se juega, que es -20%, piense en cuánto es el de una inversión de $10,000. Esto significa que si usted invierte $10,000 en criptomoneda A cuyos rendimientos pueden ir tan bajos como -20% basado en un estudio estadístico sólido, entonces es posible perder alrededor de $2,000 en un mes. Ese es su impacto financiero potencial estimado basado en los rendimientos mensuales promedio esperados.

Ahora esta es la pregunta: ¿se siente cómodo tomando el riesgo de perder potencialmente $2,000 en un mes por la oportunidad de posiblemente ganar un 50% de rendimiento en su inversión de $10,000 o $5,000? Si no lo estás, entonces no inviertas en esa criptomoneda en particular. Nunca invierta en nada con lo que no se sienta cómodo asumiendo riesgos.

Capítulo 6 - Inversión en criptomonedas

Ahora es el momento de hablar sobre las estrategias y pasos reales necesarios para invertir con éxito en criptomonedas tan pronto como sea posible. Y de nuevo, permítanme recordarles por enésima vez que la criptomoneda es mucho más arriesgada que las inversiones tradicionales impulsadas por el mercado como acciones, divisas y derivados por las razones dadas en el Capítulo 3. Y también tenga en cuenta que es este más alto que el riesgo de inversión promedio que posiblemente puede darle rendimientos o ganancias mucho superiores en comparación con esas inversiones tradicionales de menor riesgo impulsadas por el mercado que acabo de mencionar. Pero antes de continuar, tendrá que entender dos formas diferentes de invertir en criptomonedas.

Invertir a largo plazo Vs.

Muchas personas confunden las palabras, la inversión y el comercio, uno por el otro. Es comprensible teniendo en cuenta que ambas son actividades por las que puede hacer que su dinero gane más dinero y como tal, ambos son en realidad inversiones! Pero son diferentes y usted tendrá que saber si es el comercio que desea o invertir, particularmente a largo plazo.

El trading es básicamente inversión a corto plazo. Usted compra un activo financiero como Bitcoin y en el momento en que su precio es de 10%, lo vende inmediatamente, incluso si es sólo dentro de unas pocas horas. El trading es una forma muy rápida de obtener beneficios y durante los momentos en que los mercados se mueven hacia los lados, no hay una tendencia clara si es alcista o bajista, todavía se puede hacer una matanza con su retorno de las inversiones. Esto se debe a que durante los movimientos laterales, los precios seguirán subiendo y bajando muchas veces. Si usted es capaz de generar al menos un 10% de ingresos comerciales por cada vez que el mercado sube por lo menos un 10% antes de hundir hacia abajo, es posible que usted duplique su dinero en sólo una semana o dos.

Por otro lado, invertir o más específicamente invertir a largo plazo, es una estrategia en la que simplemente se compra un activo financiero - como una criptomoneda - y se aferra a él durante varios años antes de vender a un precio mucho más alto. Debido a su naturaleza de compra y retención, esta estrategia de inversión también se conoce como una estrategia de "comprarla y olvidarla".

Tanto el comercio como la inversión tienen sus pros y sus contras. El trading requiere que supervises de cerca tus inversiones para que puedas captar rápidamente su precio a medida que alcanza tu tasa mínima de rentabilidad. Pero eso requiere que prácticamente lo hagas a tiempo completo, que es una de las razones por las que muchas personas no invierten en criptomonedas o incluso acciones. Necesitan monitorear sus inversiones hora y hora para asegurarse de que ganan mucho tiempo y no pierden dinero. Y la mayoría de la gente no tiene el lujo de tiempo para hacer eso porque tienen trabajos o negocios para dirigir. Pero aquellos que lo hacen encuentran que son capaces de ganar más ingresos de sus inversiones en un período de tiempo más corto, dejándolos con más tiempo para las cosas que les encanta hacer.

El atractivo de las inversiones a largo plazo para la mayoría de los inversores es el hecho de que no tienen que estar al tanto de sus inversiones día tras día. Sólo compran y se olvidan de ello. Pueden, sólo por el bien de la información, comprobar el precio de mercado de sus inversiones impulsadas por el mercado una vez al mes. Pero la mayoría de los otros inversores a largo plazo simplemente esperan un año o más antes de comprobar sus inversiones. ¿Por qué es así? Especialmente si invierten en inversiones de menor riesgo como las acciones de blue chip, sus precios generalmente suben a través de los años, independientemente de si las monitorean o no. Pero las oportunidades de ganancias pueden ser generalmente mucho más bajas en comparación con las estrategias comerciales.

¿Qué notaste entre los dos? Así es, cuanto mayor sea el rendimiento esperado, mayor será el riesgo o, en este caso, la carga de trabajo. Así que si usted está dispuesto a poner en mucho más tiempo y esfuerzo para obtener mayores y más rápidos beneficios, el comercio! Si desea sentarse, relajarse y cosechar sus recompensas después de varios años, vaya a invertir a largo plazo en su lugar.

Invertir en criptomonedas por primera vez

Lo primero que tendrá según usted tendrá que hacer para comenzar es elegir una criptomoneda en particular para invertir. E incluso si las criptomonedas suenan como un grupo genérico de inversiones, cada una de ellas todavía tiene sus propias características únicas que, en efecto, las diferencian entre sí. Como tal, sería una tontería suponer que si has estudiado uno, los has estudiado a todos. Por lo tanto, usted debe ejercer un buen esfuerzo en la investigación en al menos las principales criptomonedas antes de elegir en qué invertir.

Después de haber elegido la criptomoneda de su elección de inversión, es el momento de decidir qué plataforma comprarlos. En otras palabras, es hora de decidir en qué intercambio de criptomonedas registrarse y comprar su primera inversión criptomoneda. ¿Y cuáles son estos intercambios?

Las bolsas se refieren a instituciones o empresas donde se permite la compra y venta de activos financieros específicos. Si está buscando comprar o vender acciones, tendrá que hacerlo a través de una bolsa de valores como NASDAQ o la Bolsa de Nueva York (NYSE). Si usted está buscando para el comercio de futuros y contratos de opciones, entonces el Chicago Mercantile Exchange es uno de los mejores intercambios para ir a. Y para invertir en criptomonedas, tendrá que hacerlo a través de un intercambio de criptomonedas.

La razón más importante por la que tendrá que registrarse para una cuenta con un intercambio criptomoneda es esta: es el único lugar donde se puede comprar y vender criptomonedas. ¡Es así de simple! A diferencia de las acciones, monedas o bonos que tienen versiones físicas y mercados regulados, las criptomonedas son de naturaleza puramente digital y, por lo tanto, no tienen mercados activos fuera de los mercados digitales o en línea que ofrecen los intercambios de criptomonedas. Algunos de los intercambios de criptomonedas más grandes y populares incluyen GDAX, Kraken, Bitfinex, y Gemini para dos de las criptomonedas más grandes Bitcoin y Etereum. Para todas las demás criptomonedas, es decir, altcoins, Poloniex es un buen intercambio para registrarse, ya que le permite operar más de 80 criptomonedas en su plataforma. La única desventaja de usar Poloniex es que sólo se puede comprar y vender criptomonedas utilizando criptomonedas. Esto significa que no puede contar con sus tarjetas de crédito o cuentas bancarias en línea para financiar sus compras de criptomonedas en la plataforma y que tendrá que comprarlas de otros intercambios primero antes de hacer negocios en Poloniex.

Después de decidir qué plataforma comprar sus criptomonedas, seguir adelante y abrir una cuenta con ese intercambio. En términos generales, la apertura de la cuenta y el proceso de verificación pueden ser un poco tediosos porque estos intercambios -no están regulados por cualquier institución financiera del gobierno- son muy cuidadosos de asegurarse de que van a realizar transacciones con el persona que usted dice ser. Y cuanto más puedan hacer eso, más podrán garantizar la privacidad y seguridad de sus cuentas. Así que si bien puede ser un poco tedioso, usted puede ser más paciente sabiendo que al final del día, todo será para su propio beneficio.

Después de abrir una cuenta en línea, su cambio de elección probablemente le pedirá una copia escaneada de cualquier identificación válida emitida por el gobierno de su país, como una licencia de conducir o pasaporte. En promedio, las cuentas de intercambio de criptomonedas se validan y procesan en un plazo de 3 días laborables, pero en algunos casos, más de una semana.

Una última cosa antes de comprar criptomonedas: considerar la posibilidad de obtener una cartera de hardware de almacenamiento en frío para garantizar la seguridad de sus inversiones criptomoneda. Como se mencionó anteriormente en el Capítulo 4, es muy recomendable que obtenga una cartera de hardware de almacenamiento en frío para garantizar la seguridad de las claves privadas de sus inversiones criptomoneda y, en consecuencia, sus inversiones en criptomonedas. Pero si usted está en un presupuesto ajustado o simplemente no quiere gastar más, siempre puede utilizar carteras de almacenamiento caliente, pero con un riesgo relativamente mayor para hackear y perder sus inversiones criptomoneda duramente ganados. Así que después de que usted ha conseguido su cartera independientemente de si es almacenamiento caliente o en frío, es el momento de comprar su criptomoneda en su intercambio elegido. Después de haber comprado con éxito sus criptomonedas en ese intercambio, transfiera sus claves privadas inmediatamente a su billetera de almacenamiento en frío - si ha elegido utilizar una - o a su cartera de almacenamiento caliente de su elección.

Una cosa que necesitará saber acerca de la compra de sus criptomonedas en los intercambios es que no vienen de forma gratuita, ya que los intercambios le cobrarán una tarifa de transacción por sus servicios. No se preocupe: las tarifas de transacción no son excesivas. Los intercambios, después de todo, son empresas que también necesitan ganar dinero para seguir operando con éxito y consistentemente. Los intercambios de criptomonedas serían difíciles de seguir brindando un gran servicio si no hacen suficiente dinero para mantener sus gastos operativos y actualizar sus sistemas regularmente. Las tarifas de transacción son normalmente un porcentaje fijo de su transacción para que solo suba cuando el valor de sus transacciones suba.

Así que para resumir los pasos sobre cómo empezar a invertir en criptomonedas:

- Elija su criptomoneda o monedas;
- Elija un intercambio criptomoneda en el que puede comprar su criptomoneda elegida, y abrir una cuenta con ese intercambio;
- Después de que su cuenta con su intercambio de criptomonedas elegido ha sido validado, elija el tipo de billetera en la que almacenará sus claves privadas y criptomonedas, preferiblemente una cartera de hardware de almacenamiento en frío;
- Compra tu criptomoneda a través de tu cuenta validada con tu intercambio; Y
- Transfiera inmediatamente sus llaves privadas a su billetera para su custodia.

Estrategias de inversión en criptomonedas

Una estrategia que tendrá que emplear, ya sea que le gusten las matemáticas o no, es calcular. Y para ello, tendrá que aprender los conceptos básicos de la media (promedio) y la desviación estándar, que tocamos en el

Capítulo 5 sobre la tasa de rendimiento requerida. Entonces, ¿por qué tienes que hacer las cuentas, incluso si odias los números?

Por un parte, invertir en criptomonedas se trata de ganar dinero, y no puedes determinar si has invertido con éxito tu dinero si no tienes números que mirar. Por defecto, invertir es todo acerca de los números. Y al estar principalmente basado en números, no puede elegir sus inversiones criptomoneda basadas en la sensación intestinal o las emociones solamente.

La media, que es la media, le dice que en base a las tasas de rendimiento pasadas de una inversión en particular, puede esperar razonablemente que sus tasas futuras de retorno sean de un valor específico. Pero, por supuesto, no es una estimación exacta porque sus tasas de rendimiento pasadas varían. Aquí es donde entra en juego la desviación estándar. Como se menciona en el Capítulo 5, la desviación estándar le indica que, en función de las tasas de rendimiento pasadas de una inversión en particular, puede esperar razonablemente que las tasas futuras de retorno se desvían de la media o la media en un determinado nivel.

Si la media de 12 meses o la rentabilidad mensual media para una criptomoneda en particular es del 20% y su desviación estándar es del 5%, usted puede razonablemente (no perfecto,no tal cosa) estimar el rango de rendimientos donde la tasa posible del mes siguiente de retorno puede caer. En este caso, sería 15%

(20% - 5%) para el límite inferior y 25% (20% + 5%) para el límite superior. Cuando sepa cómo estimar esto, estará en una muy buena posición para elegir objetivamente la criptomoneda que tiene la mayor probabilidad de ayudarle a alcanzar su tasa de retorno requerida, que también discutimos en el Capítulo 5. Sé que no todo el mundo es un matemático, por lo que sugiero encarecidamente que consulte tutoriales en vídeo en YouTube sobre cómo calcular la desviación media y estándar utilizando Microsoft Excel. Confía en mie, será muy fácil hacerlo inExcel.

La segunda estrategia para invertir con éxito en criptomonedas es la siguiente: investigación. En particular, tendrá que investigar sobre los precios pasados de las criptomonedas que está interesado en invertir porque sin tales datos, no será capaz de calcular la desviación media y estándar de las tasas de retorno. Pero más que solo estadísticas, también necesitará investigar sobre piezas cruciales de información que pueden afectar sustancialmente los precios de mercado de las criptomonedas en las que está interesado en invertir, como declaraciones o posiciones de regulación gubernamental autoridades, o anuncios en los principales mercados financieros como el Chicago Mercantile Exchange, que ahora permite el comercio de contratos de futuros que involucran Bitcoins. Tenga en cuenta que debido a que las criptomonedas no tienen métodos de valoración objetivos reales, los datos de mercado y la información clave deben ser investigados bien, ya que son estas piezas de información las que ayudan a determinar hacia dónde se dirige el valor de las criptomonedas.

La diversificación es otra estrategia importante para invertir con éxito en criptomonedas. En términos laicos, la diversificación significa nunca poner todos sus huevos de inversión en una sola cesta. Entonces, ¿por qué debería invertir en más de una criptomoneda?

Aquí está el porqué. Si pones todo tu dinero de inversión criptomoneda en sólo uno, digamos Bitcoin, en el momento en que su precio se desploma, que ya ha sucedido en enero de 2018, entonces estás completamente tostado! Pero si lo extiendes decir entre Bitcoin, Ondulación, y Etereum, si uno de ellos se bloquea y los otros dos no, entonces sus pérdidas se limitarán a sólo esa criptomoneda en particular.

Pero lo que es más importante, ni siquiera debería poner todo su dinero de inversión solo en criptomonedas, independientemente de si invierte en sólo una o 10 criptomonedas diferentes. ¿por qué? Es porque son de la misma clase de activos: criptomonedas. Las posibilidades son altas cuando el precio de uno se reduce, los precios para otros pueden seguir el ejemplo, aunque en diferentes grados. Es por eso que la verdadera diversificación no se trata sólo de invertir en diferentes activos del mismo tipo, sino en diferentes activos en conjunto. Esta estrategia no es sólo para invertir criptomoneda, sino para invertir en general, independientemente de los activos financieros, por ejemplo, acciones, bonos, divisas.

La última estrategia de inversión que puede solicitar una inversión exitosa, que es especialmente útil para la inversión a largo plazo, es el promedio de costos. ¿Qué es esta estrategia y qué la hace efectiva?

El promedio de costos se refiere a la estrategia de comprar continuamente un activo financiero específico (por ejemplo, acciones, bonos, divisas y criptomonedas) en incrementos más pequeños, independientemente de si el precio de mercado de ese activo está bajando o subiendo. Es bastante obvio decir que esta es una buena estrategia cuando el precio de un activo financiero en particular ha estado subiendo, pero incluso cuando los precios están bajando? ¿Seriamente?

Sí, ¡en serio! Hacer eso cuando los precios están bajando le ayuda a reducir su costo promedio en ese activo financiero, lo que significa que puede recuperar sus pérdidas mucho más fácil que si simplemente compró una vez y esperó a que el precio volviera a su precio de compra. Para ayudarte a entender mejor, este es un ejemplo práctico de lo que quiero decir.

Digamos - y esto es sólo un ejemplo bien - que usted compró 1 Bitcoin a $20,000 y su precio se desplomó a sólo $15,000. Para recuperar sus pérdidas, tendrá que esperar a que su precio vuelva hasta $20,000, ¿verdad? ¡Correcto! Pero si usted compró otro Bitcoin cuando se estancó a $15,000, que le da 2 Bitcoins a un precio de compra promedio o costo de $17,500 solamente. Por lo tanto, usted no tiene que esperar a que los precios de Bitcoin para subir de nuevo hasta $20,000 para romper par - sólo $17,500. De hecho, para cuando se remonta a $20,000, usted habría hecho un beneficio de $2,500 ya debido a la estrategia de promedio de costos.

Teniendo en cuenta que no se puede predecir perfectamente si el precio va a bajar o subir, lo mejor es distribuir su dinero total de inversión para criptomonedas en 5 plazos para que pueda aplicar el promedio de costos. Así que si usted está planeando invertir un total de $1,000, entonces repárese en 5 inversiones mensuales de $200 por. Eso puede ayudarle a promediar su costo hacia abajo si los precios bajan dentro de los próximos 5 meses.

Inversiones alternativas en criptomonedas

Al igual que con las acciones, puede invertir en criptomonedas indirectamente, en caso de que todavía no esté tan cómodo invirtiendo directamente en él. ¿Cómo? Una es a través de un fondo administrado o fideicomiso donde una compañía de gestión de fondos agrupa el dinero de las personas e invierte ese dinero en criptomonedas. La belleza de este tipo de inversión es que usted tiene gestores de fondos profesionales haciendo todo el trabajo de comercio e inversión a largo plazo en criptomonedas para usted.

Un ejemplo de este tipo de inversión es el Grayscale Bitcoin Investment Trust, que se puede decir se centra en Bitcoin como su activo de inversión criptomoneda. Pero una cosa que tendrá que tener en cuenta es que la comodidad tiene un precio, que es un precio más alto que el valor neto del activo (NAV, es decir, el precio por unidad de inversión fiducial) cuando usted compra en el fondo. Además, el fondo es muy volátil debido a la volatilidad en los precios de sus activos subyacentes, que es Bitcoin. Pero al menos, no tienes que sudar las cosas de la gestión de inversiones tú mismo.

Otra forma de invertir indirectamente con criptomonedas, aunque todavía limitada a Bitcoins solamente, es a través de contratos de futuros a través del Chicago Mercantile Exchange. Esto es más adecuado para el comercio en lugar de la inversión a largo plazo. Los contratos de futuros son activos financieros donde las partes acuerdan comprar y vender un activo subyacente, Bitcoins en este caso, en una fecha particular en el futuro a un precio predeterminado. Cuanto más positivo sea el sentimiento del mercado sobre el precio futuro del activo financiero, más alto será el precio de los contratos de futuros y viceversa.

Capítulo 7 - Mantener sus inversiones seguras: El problema de estafa

Invertir con éxito, ya sea con criptomonedas o con algunos otros activos financieros, no se trata solo de ser capaz de generar la tasa mínima de rendimiento requerida. También se trata de proteger tu dinero de personas que no aman nada más que darte el dinero que tanto te costó ganar. Es por eso que dediqué este capítulo a mostrarle cómo detectar posibles estafas con el fin de evitarlos. Para ello, vamos a discutir 2 cosas importantes sobre evitar estafas: banderas rojas e investigación.

Banderas rojas

Muchas personas caen presa de los estafadores simplemente porque no eran lo suficientemente afilados como para oler esas estafas, incluso cuando ya estaban 3 pies delante de ellos. Lo que quiero decir con esto es que no sabían cómo una estafa se ve y huele como, que es cómo los estafadores fueron capaces de aprovecharse de ellos. Es por eso que cuando se trata de evitar estafas de inversión, el conocimiento es poder.

La primera y muy obvia bandera roja es la tasa prometida de retorno de su inversión. Al ser una inversión basada en el precio de mercado, nadie puede garantizar la tasa de rendimiento de una inversión en criptomonedas. Así que en el momento en que alguien le ofrece una inversión criptomoneda con un ingreso garantizado o tasa de retorno de su inversión, que es su señal de que es una estafa!

Y hablando de las tasas de rendimiento prometidas, incluso si la persona que le ofrece la inversión dice que *puede* o *puede*,ambos implicando posibilidades en lugar decertezas, ganar una tasa de rendimiento que es mucho más alto que el promedio histórico (desviación estándar que se está considerando), que es probablemente una estafa. ¿por qué? ¡No hay base para un retorno tan salvaje y estimado! ¡Se acaba de compensar!

Otra bandera roja que está relacionada con la tasa de rendimientos es la consistencia perfecta. Si el representante de inversión le muestra que el precio de sus criptomonedas nunca baja y siempre sube, es una estafa. Ninguna inversión de fiar impulsada por el mercado haya registrado repuntes perfectamente consistentes en sus precios.

Otra bandera roja a tener en cuenta es la complejidad. Los planes de inversión legítimos tienen como objetivo ser lo más simples posible por muchas razones, algunas de las cuales incluyen conseguir más clientes y para la institución que ofrece las inversiones en sí, facilidad para administrar el dinero de las personas. ¿Por qué alguien presentaría deliberadamente un esquema de inversión muy complicado, similar a la ciencia de cohetes? Simple: quieren sonar muy competentes y vanguardistas para que la gente esté convencida de invertir en sus travesuras! Así que en el momento en que se le presenta un programa de inversión muy complejo - correr por las colinas! ¡Nunca inviertas en algo que realmente no entiendas!

Los ejecutivos de cuentas muy agresivos también pueden ser una bandera roja, aunque no siempre es el caso. Pero sin embargo, tenga cuidado con ellos porque incluso si el producto de inversión que están ofreciendo es de fiar, ser demasiado insistente puede presionarlo para que tome decisiones de inversión que no fueron bien consideradas. ¿Recuerdas lo que dije sobre invertir a ciegas o no entender completamente en qué te estás metiendo? Invertir ignorantemente, incluso en esquemas de inversión legítimos, puede dejarte llorando por pérdidas más adelante.

Para ser más específico, una de las maneras por las que los estafadores desvirtan a la gente en invertir con ellos es mediante el uso de la táctica de escasez. La táctica de escasez es una en la que los vendedores te dirán que su oferta sólo es buena por un corto período de tiempo, y con el fin de hacer uso de su promoción, ¡tendrás que actuar ahora! Apelarán a su temor a perder cosas buenas en la vida, o incluso a propósito. Y al apresurarte a tomar una decisión por miedo a perderte, pueden hacerte tomar una decisión muy irracional de la que te arrepentirás más adelante.

Por último, un sitio web sin un certificado SSL puede ser indicativo de una estafa criptomoneda. Recuerde, las criptomonedas son activos financieros digitales o en línea. Por lo tanto, el sitio web que va a invertir a través debe ser seguro - muy seguro. SSL - o Secure Sockets Layer - en el sitio web de inversión en criptomonedas de la compañía significa que está certificado como seguro y estará alrededor a largo plazo. Ninguna certificación genera un riesgo muy alto de que no exista a largo plazo. Así que manténgase alejado de los sitios web criptomoneda que no tienen SSL en su URL. Esto se puede ver en sitios web con la palabra "https" al principio de su URL. Si es sólo "http" o si no indica "https", no es seguro.

Investigación

Su capacidad para identificar banderas rojas para estafas de inversión no es sólo el único que le ayudará a evitar ser estafado porque hay veces que las estafas no exhiben banderas rojas, es decir, están hechas para parecer de fiar. En este sentido, también tendrá que investigar bien sobre las inversiones en criptomonedas que se le ofrecerán. Y una gran parte de ser capaz de hacer una buena investigación es hacer las preguntas correctas.

Ahora, invertir en los grandes chicos de criptomonedas como Bitcoin, Monero, Litecoin, Ethereum, y Ripple ya no debería ser un misterio. Todo lo que necesita para investigar probablemente son los movimientos históricos de precios y la información y desarrollos actuales disponibles públicamente. Pero si usted está buscando para invertir en nuevas criptomonedas, entonces usted tendrá que realmente hacer su tarea primero para minimizar sus riesgos de pérdidas o para ser estafado.

Una cosa a investigar sobre cuándo se trata de invertir en criptomonedas es la historia. Cuanto más tiempo haya existido, menor es la probabilidad de que sea una estafa o que muera temprano. Otra cosa a investigar es su volumen de trading diario promedio, donde se pueden obtener datos. Cuanto mayor sea el volumen de negociación que tiene una criptomoneda en particular significa que criptomoneda disfruta de un alto nivel de cantidad de confianza inversores y que puede significar un menor riesgo de ser una estafa.

Otra cosa que usted puede investigar en, uno que puede ayudarle a determinar si es o no una estafa debajo de la superficie brillante, es donde se comercializa. En particular, ¿en qué intercambios se negocian? ¿Por qué es importante? Los intercambios son muy particulares con el mantenimiento de su reputación estelar con el público inversor y si dejan entrar una criptomoneda que es una estafa, que será la muerte de ellos. Como tal, los nuevos desarrolladores de criptomonedas tendrían que mover el cielo y la tierra para que sus criptomonedas aparezcan en los principales intercambios, que pueden ser vistos como un sello de aprobación de tipo que grita "¡esto es de fiar!" Algunos de los intercambios de criptomonedas más confiables del mundo incluyen GDAX, Kraken, Bitfinex, Gemini y Poloniex.

Mi experiencia personal

Al terminar este capítulo sobre estafas, y el libro también, permítanme compartir con ustedes una experiencia reciente en el tratamiento de estafas o al menos, evitando esquemas de inversión criptomoneda que son demasiado complicados para la comodidad. A mediados de 2017, alguien me ofreció unirme a una plataforma de comercio Bitcoin llamada Trade Coin Club. Durante la presentación, el representante fue muy animado y apasionado por el esquema de inversión. Trade Coin Club - o TCC para abreviar - es una plataforma donde va a "depositar" sus Bitcoins para que el sistema de comercio propietario de la compañía va a intercambiar sus Bitcoins por usted sobre una base diaria. Y supuestamente, para cuando tu inversión en ellos madure, habrías más que "doblado" tu dinero con ellos.

Siendo un inversor experimentado, tenía muchas preguntas, teniendo en cuenta la naturaleza especulativa y autónoma de este tipo de inversión. Una de las preguntas que hice a los representantes es el retorno de la inversión, es decir, ¿estoy seguro de duplicar mi dinero al final del período de inversión? No responderá con un "sí" directo o "no", pero siempre apuntaría al llamado rendimiento histórico de sus operaciones. Así que le pregunté si es posible que pueda perder dinero - y él volvería a responder indirectamente citando el rendimiento comercial histórico de su cuenta TCC como si decir que puedo perder dinero era ilegal. Continuó explicando un sistema de cargos muy complicado por parte de la compañía que incluso yo, un inversor experimentado, me pareció muy difícil de entender. Lo que rompió la espalda del camello para mí fue cuando dijo que al final del período de inversión, TCC obtendrá todos los Bitcoins que deposité con ellos. Cuando le pregunté por qué diablos TCC haría eso, el representante respondió que es porque ya habrías más que duplicado tu dinero. ¿Pero pensé que implicaba que la tasa de retorno no está garantizada? Hubo un desajuste inaceptable y muy inusual en el que estoy obligado a entregar mis Bitcoins a TCC, pero no están obligados a darme una tasa específica de retorno de mi inversión. Ningún esquema de inversión legítimo le quita su capital al final del período. Por lo tanto, determiné que era una estafa - al menos para mis estándares. No he conpasado con la "inversión".

No sé si TCC sigue por aquí, y no me importa. Todo lo que sé es que algunos de mis amigos que invirtieron en él ya estaban empezando a experimentar problemas con su cuenta en el sitio web. ¿Coincidencia? No creo.

Conclusión

Gracias por comprar este libro. Espero que haya sido capaz de ayudarle a entender cómo invertir con éxito en criptomonedas. Pero más que sólo aprender, espero que te animen a tomar acción sobre lo que aprendiste porque en la batalla por invertir con éxito en criptomonedas, saber es sólo la mitad de la batalla. La otra mitad es la aplicación del conocimiento.

Las criptomonedas son un nuevo mundo emocionante para las inversiones y con oportunidades emocionantes vienen mayores riesgos. Así que asegúrese de aplicar lo que aprendió aquí para que pueda montar la ola de esta fiebre del oro de hoy en día, pero al mismo tiempo, minimizar sus riesgos para perder su dinero a través de malas decisiones de inversión o de ser estafado.

¡Por tu éxito, amigo mío! ¡Salud!